POEMARIO DE PAPEL

Los poemas de un poeta herido
y roto que se reconstruyó al borde del abismo

Cubierta y diseño editorial: Éride, Diseño Gráfico

Primera edición: febrero, 2024

Poemario de papel.
Los poemas de un poeta herido y roto que se reconstruyó al borde del abismo.
© Rafael Arrabé Murillo
© éride ediciones, 2024
Espronceda, 5
28003 Madrid

ISBN: 978-84-10051-23-2
Depósito Legal: M-1372-2024

Este libro protege el entorno

POEMARIO DE PAPEL

Los poemas de un poeta herido
y roto que se reconstruyó al borde del abismo

Rafael Arrabé Murillo

éride ediciones

Rafael Arrabé Murillo

Rafael Arrabé Murillo nació el 28 de febrero de 1987 en Móstoles, Madrid.

De carácter abierto, alegre y agradable, siempre ha sido un gran comunicador. Empezó a escribir desde temprana edad, tanto poesía como novela. Antes de acabar la enseñanza secundaria ya tenía escritos que posteriormente serían la base de producciones más maduras. Con una memoria prodigiosa, una vida rica en experiencias de diferente índole y una gran capacidad de escucha, sabe sacar el máximo partido de ello para construir nuevas realidades y expresar sus reflexiones, preocupaciones y pensamientos. A través de la escritura ha encontrado la vía de escape donde dar rienda suelta a muchas de estas inquietudes y una forma compartir su forma de ver el mundo, llegando también a editar y locutar su propio podcast Ríos de Niebla donde filosofía, experiencia y literatura se funden en un diálogo que invita al oyente, como al lector, a pararse y encontrarse consigo mismo.

Alma de Junco

Como un junco junto al río
Que a pesar de la corriente
Firme, flexible y fuerte
Envarado se sostiene.

Su tallo irgue junto a las aguas
A veces bravas, a veces fuertes
Y con natural dulzura se sostiene
Así es el alma de quien te siente.

Los vientos la tumban.
Lo acorralan las corrientes
Y sigue firme, sin partirse
Resiliente.

Así es mi alma
Que va baldía
Que va baldía y se sostiene
En su silencio
En su lamento
En su sinvivir latente.

Alma que busca y que no encuentra
Alma silente
Que se desliza en las tinieblas
Tinieblas de un mundo que no entiende.

Alma que vive y muere al instante
Que se destila y reconvierte
Alma de un viejo, de un niño
Alma de un joven, de un hombre.

Alma agotada que no se parte
Que no se ahoga
Que no se vierte
Alma que en fuga de sí
Es en sí misma transformada.

Alma que vive y no está
Más que en mí misma presente
Porque te busca y tú no estás
Que tú no estás
Pero te siente.

Se pierde el alma al contemplar
Se pierde el alma, se pierde
Y no me queda ya más que pensar
Pensando en todo lo que siente.

Que si amar, no ser amado
Que si dar sin ser tenido...

Como un junco en la corriente
Aunque no tenga sentido
Es al alma del que ve
Donde al resto le es prohibido.

Hoy el cielo, rojo fuego
Abre al abismo de un infierno azul.

El día muere
El llanto calla
Todo es silencio
Menos tú.

El alma grita
Se desquebraja
Se parte
Se hunde
Te hundes tú
Quieto miras, entre las sombras
Se abate el viento
Te abates tú.

Llega ya el alfa
Llega la omega
Extinto susurro de tu inquietud
Algo se muere
Dolor, agonía
Mas como un parto darás a luz
A algo más grande
Algo más fuerte
No puedes verlo
Pero eres tú.

A ti

Si no estás todo es noche
Si te vas, oscuridad
Sin ti…

Cuando tú estás, tú eres la luz
Si tú estás yo vivo en paz
En ti…

Porque eres tú sol en poniente
Luna naciente
Eres tú…

Sé tú sol de mis días
De mis noches sé tú luz
Sé el latir del corazón
Sé la fuerza de mi voz
Pues por ti todo quisiera
Yo por ti todo podría
Por ti…

Nunca dudes que te quiero
Siente siempre que te extraño
Duda de lo que esto niegue
Urde en mí tu dulce encanto.

"Sé tú sol de mis días

De mis noches sé tú luz

Sé el latir del corazón

Sé la fuera de mi voz

Pues por ti todo quisiera

Yo por ti todo podría

Por ti..."

Corazón Maltrecho

Arráncame del pecho el corazón maltrecho
Del que tú el centro te has hecho.

Lanza lejos de este lecho
Este corazón sin techo
En este amor tan estrecho.

Dicho sea, el hecho
De mi corazón maltrecho
Que sufre el despecho y se ve deshecho
Pobre amor que ama en barbecho.

Dime, corazón ajado, corazón maltrecho
Dime el porqué de tu despecho
Dime tú, amor olvidado, amor deshecho
Dime tú, por qué estás insatisfecho.

Cállese este amor que sin ser se ha henchido
Y ahora que no es, se siente maldecido
Triste, malherido.

Ya que hasta mí has venido y de amor me has revestido
¿Por qué te vas y no me amas y eres llaga en mi destino?
No tiene solución el corazón perdido
Ni tiene ya final esta historia que te escribo
Que ni me amas como yo
Ni me quieres como digo.

Laberinto

Buscando salida al laberinto de preguntas sin respuesta
Andando caminos que la vida se me muestran
No hay estrella que me guíe
No hay señal que me encamine.

Una y otra vez
Las preguntas a mi mente
Una y otra vez
La respuesta inexistente.

No hay sol que me ilumine
No hay señal que me encamine.

«Anda y anda y por mis sendas
Busca y busca a ver qué encuentras».

No hay mapa que me guíe
No hay señal que me encamine
Soledad de estos senderos
Vacuidad en todo ellos
En ningún lugar acaban
De preguntas están llenos.

No hay luz que me ilumine
No hay señal que me encamine.

Sin salida y sin aliento
Cedo el miedo a estos mis versos
De encontrar yo la salida
A este infierno que es mi vida.

Canto a una verdad

Muere la ilusión
Entre las letras de estos versos
Se pierde la razón
En la armonía de tu cuerpo.

Nacen los suspiros
Al candor de tu mirada
Se estremece el corazón
Al sonar de tus palabras.

Crece la alegría
Ante la verdad más verdadera
Mientras muere la ilusión
De que no estés aquí a mi vera.

Mi boca canta a la verdad
Verdad que no está ya en tus manos
Que se acabe ya el embuste
De que tú y yo, nos amamos.

Celos

Celos, aún del aire, matan
Celos, que me oprimen, que me atan
Celos que me queman, que me asfixian
Celos de no ser yo tu sonrisa.

Celos, aún del aire, matan.
Celos, que me oprimen, que me atan,
Celos que queman, que me asfixian
Celos, de no ser yo en tus caricias.

Celos, no los quiero, pero tengo
Celos, que los sufro y no comprendo
Celos, de dejarte volar libre
Celos, por no poder seguirte.

Celos, aún del aire matan.
Muero, que de celos peno
Peno, que de celos muero
Celos, que son dardos con veneno.

De Cristal

De cristal he hecho mis sueños
En claridad los he bañado
Son luz para las noches
Son mil sueños destilados.

De cristal he hecho mis sueños
De cristal puro y brillante
De luna los he vestido
Con el sol los he ceñido.

De cristal he hecho mis sueños
En cristal te los he dado
De frágil condición
Son mis sueños en tus manos.

De cristal eran mis sueños
Son cristal desquebrajado
De cristal puro y brillante
De cristal ahora dañado.

Pierde el sueño ahora su luz
Ya no hay sueños enfrascados
Caen a tierra sueños rotos
Muere el sueño en tus manos.

Cristal roto son los sueños
Que en cristal había forjado
En tus dedos sueños hay
De cristal ensangrentado.

Pesadilla ahora es el sueño
Entre tus dedos clavados
Heridas de sueños son
Las heridas de tus manos.

Sueños tuyos, míos, nuestros
Sueños de cristal dañado
Que los sueños si son sueños
En cristal no van guardados
Que un sueño que se guarda
Es un sueño ya apagado.

Suspiros, suspiros, suspiros
Suspiros sordos junto al mar
Olas que se rompen
Silencio.

La brisa suave susurra
Susurra sonora con su suavidad
Salan tus ojos la brisa
Lágrimas.

Saltan las aguas saladas
Silencio de olas del mar
Se aleja en las olas el barco
Barco en el que ella va
Por el mar.

Late con fuerza de olas
Late, con dolor de mar
Manan saladas del llanto
Lágrimas que confunde el mar
Tú en la orilla esperas
Te preguntas
¿Volverá?

Late con fuerza de olas

Late, con dolor de mar

Manan saladas del llanto

Lágrimas que confunde el mar

Tú en la orilla esperas

Te preguntas

¿volverá?   ¿volverá?

¿volverá?

Te preguntas

Tú en la orilla esperar

Lágrimas que confunde el mar

Manan saladas del llanto

Late, con dolor de mar

Late con fuerza de olas

De Sabios

Es de sabios comprender
Que a no a todos es igual
Donde veo amanecer
Solo ves oscuridad.

Es de sabios comprender
Que no a todos es igual
Lo a que a mí es maravilloso
Es a ti una tempestad.

Es de sabios comprender
Que no a todos es igual
Que aun viendo ambos lo mismo
No lo vemos por igual.

El sol, la luna, las estrellas
Para ti un dulce cantar
El sol, la luna, las estrellas
Para mí la eternidad.

Es de sabios comprender
Es de sabios el mirar
Que la vida a cada uno
Lo coloca en su lugar.

Es de sabios comprender
Es de sabios admirar
Que el que es sabio es porque ve
Lo que nadie vio jamás.

Del viento

Leve es ahora el aroma
Fino hilo en mis recuerdos
Visten las nieves
El que fuera nuestro huerto.

Trae el aire tus esencias
Trae el viento sentimientos
Viene solo el aire
Va cargado de silencio.

De lejos miras lo que pienso
Callas, aunque sabes que te siento
Piensas en volver cuando las flores
Lloras y escribes el memento.

Un día, un día, un día
Un día y uno más
Y lento pasa el tiempo
Pesadas las agujas
Del reloj del pensamiento.

¿Podré ver tus ojos, antes de que los borre el viento?
¿Podré acaso disfrutar de tu esencia en un momento?
¿Sabré tenderte ahora mis manos, ahora que estás lejos?

Sigue el frío del invierno
Pasa lento como el tiempo
Caen las lluvias en los campos
Lloro y lloras el recuerdo.

¿Resistirá el amor el largo invierno?
¿Vivirá el amor cuando pase el frío invierno?

Todo muere y pasa el tiempo
Teme Amor el verse muerto
Como aves migratorias
Volará con mejor viento.

¿Hallará el amor destino?
¿Hallará el amor un puerto?
¿Sabrá volar Amor, más allá de este desierto?

El aroma es ahora ido
Es borrado del recuerdo
Se fue junto al amor
En las alas de los vientos.

¿Por qué pues sigo esperando?
¿Por qué vivo ahondando el viento?

Tal vez vuelvas, me repito
Como los fríos y los vientos
Tal vez renazca el amor
Como las flores del almendro.

Pasa, pasa, pasa
Pasa y pasa el tiempo
Sopla, sopla y sopla
Sopla el frío viento
Tu aroma en mí se apaga
Y se olvida ya el recuerdo.

Llega el sol de primavera
Llega el sol, se fue ya el viento
Llegan dulces los aromas
En la brisa que no es viento.

¿Llegas tú como hizo el viento?
Busco, busco y no te encuentro.

Tal vez es que sea cierto
Que como el viento vino y se fue
Así nuestro amor fue de viento
Que sin verlo causó estragos
Que dejó en mí el caos perfecto.

Que como el viento no se ve
Así el amor que por ti siento
Que todo desbarata
Que así como viene se va
Invisible sentimiento.

Desierto

Son mis ojos un desierto, sin lágrimas heridos
Me ciega un sol que no se pone, un sol que abrasa
[mis sentidos.
No hay vergel, no hay paraíso, no hay oasis ni camino
Sequedad que baña todo de dolor.

Sed de mis ojos que por llorar suspiran
Dolor del corazón sin lágrimas vacío
Sequedad del corazón que a este sol muere vencido
Desierto de mis ojos ahora en polvo convertidos.

Caos informe, que entre dunas te me muestras
Infierno en vida, que en el sol te manifiestas
Horizonte cruel que nunca llega
Destino huido.

Desierto cruel e infinito que matas y hieres
Que en mis ojos evaporados solo muestras espejismos
Ojos secos por llorar su no llorar
Sequedal maldito, que ahogas en arena mis gemidos.

¿Qué más da ya si canto, si escribo, si lloro o grito?
Solo en mi desierto, nadie escucha mis aullidos.
¿Qué más da si vivo o muerto, qué más da si sigo y sigo?
Soledad que en el desierto haces eco a estos mis gritos
Calla o mata lo que grito.

Desierto de mis ojos
Sequedal esta mi vida en que ahóguense mis gritos
Humedal que un día fuera
Ahora en dunas convertido.

Corazón sediento
Corazón hastiado
Corazón herido
Di tú, corazón, ¿cuál es tu cantar?
Cuéntale tú a la razón cuál es tu penar.

De amor sembrado he sido
De amor marchito vestido
De pensares vanos llenado
De quererte extraño amado.

Qué sentir en ti has tenido
Que el dolor ha florecido
Que de amor marchito has sido.

El saber quiere saber
La razón quiere entender
Lo que siente el corazón
Lo que mueve su querer.

Ni el saber puede saber
Ni la razón puede entender
Ni el saber puede explicar
Ni la razón puede hacer ver.

El corazón no ve a razones
Que no puede comprender
Que el corazón, amor, es ciego
Que no llega a comprender.

Comprender no es que no quiera
Pues en mí hay mucho saber
Que entender es que no quiero
La razón de no querer.

Corazón herido
Corazón hastiado
Cuenta corazón la historia de ese amor pasado.

Pasado es sin haber sido
Presente es, sin ser sentido
Es la herida hiriente
Del silencio ensombrecido.

Habla corazón
De lo que me es desconocido
Dile, amor a la razón
Lo que al saber le es escondido.

Nada hay que no haya dicho
Nada hay aún escondido
Que la razón no pueda ver
Ni que el saber pueda haber dicho.

Idioma es del corazón
Un total desconocido
Palabras no hay que digan
Lo que en silencio he vivido
No hay eco a la razón
Silencio al corazón.

Sin poder decir lo que sin decir he dicho
Sin razón para saber lo que he dicho
Dicho he dicho y queda dicho
Que solo yo sabré lo dicho
Que solo el corazón
Dicho lo dicho
Supo lo dicho
Tú.

"de amor sembrado he sido
de amor marchito vestido
de pensares vanos llenado
de quererte extraño amado"

"Comprender no es que no quiera
Pues en mí hay mucho saber
Que entender es que no quiero
La razón de no querer"

Sopla suave el aire entre las flores del almendro
acaricia perfumada la brisa tu cabello
caen las flores en tu pecho, florido de hermosura
brilla el sol sobre tus labios, los llena de dulzura
en tus labios el calor, la pasión y la ternura.

Late fuerte el corazón, dulce miel que se derrama
poco a poco llego a ti, tú me esperas, tú me llamas
se me abre el corazón, frente al tuyo, derramado
poco a poco llego a ti, tú me tomas en tus manos.

La suavidad de tus caricias sana todas las heridas
la dulzura de tu voz llena todo de alegría
otra vez juntos los dos, otra vez los dos unidos
otra vez solos tú y yo, otra vez solos, perdidos
el almendro ya está en flor, el amor es ya nacido
y otra vez somos los dos, otra vez los dos unidos.

El andén

Esperando estoy al tren
Esperando tú a mi lado
Pasa un tren, tú no lo coges
Dejo yo también pasarlo
Otro tren y no te vas
A tu lado yo esperando
Tú me esperas ver machar
Yo marchar quiero a tu lado
Mientras tanto pasa el tren
Y seguimos esperando.

El día que me ames

En la distancia pronuncio tu nombre
La noche me habla de ti
En cada letra, el amor que tengo
En cada verso, un poco de mí.

Si en ti no pienso, a mí tú vienes
Si voy a ti, tú ya no estás
Si tú a mí vienes, tiemblo por dentro
Sin ti a mi lado no sé vivir.

Y si me quieres ¿por qué te callas?
¿Por qué negarnos este sentir?
El día que me ames…
El día que hablemos serás feliz
El día que me ames como te amo
Será ese día, dirás que sí.

Renunciaría al paraíso
Si así pudiera estar contigo
Me entregaría a la pasión
Si la pasión es a tu lado.

Me daré a la sinrazón
Si así por fin fueras mi amado
Si tus ojos me mirasen cada día al despertar
Me sería indiferente si el sol se hace oscuridad
En la noche, en el tiempo, en medio de la tempestad
Nos amamos, lo callamos…
Disfrazados de amistad.

Miras en silencio
Tus labios callan
Miro tus ojos…
Tú, mi mirada

En tu mirada

Miras en silencio
Porque tus ojos dicen lo que tus labios callan
Jamás nunca se vio nada igual.

Miras en silencio
Porque tus ojos dicen lo que tus labios callan
Y sin decirlo, en silencio amas.

Increpo a tu silencio, al callar de tus palabras
Tus ojos dicen lo que tú callas
Tu voz se escapa en tu mirada.

Miras en silencio
Tus labios callan
Miro tus ojos…
Tú, mi mirada.

¿Dirán tus labios lo que tu mirada?
¿Oiré a tu voz decir que me amas?

Miras en silencio
Tus labios callan
Porque tus ojos hablan con tu mirada.

Por olvidar

Qué difícil es borrar lo que jamás fue escrito
Qué difícil olvidar lo que nunca pasó
Qué difícil no mirar a quien es sin haber sido
Ven y llega ya, ven y embriágame ¡oh! Olvido.

¿Estás?

La luna viste de azul la noche
Tus ojos me miran ¿estás?

Estás tan cerca, aquí a mi lado
Estás tan cerca, pero ¿estás?

Estás tan cerca y a la vez tan lejos
Y si más lejos más cerca estás
¿por qué tan cerca te tengo lejos
y si te alejas, nunca te vas?

Porque tú reinas en mis sentidos
Y en mis recuerdos cuando no estás
La noche viste su manto negro
Lo viste todo la soledad.

Yo no estoy solo, yo estoy contigo
Porque aunque lejos conmigo estás
Porque yo siempre te llevo dentro
Porque solo tú, en mi corazón estás.

Para un amigo

Jamás nadie leyó
Algo por mí escrito
Viendo en su interior
Igual que en un suspiro
El sentido que le doy
Raro es esto que digo.

Jamás nadie leyó

Algo por mí escrito

Viendo en su interior

Igual que en un suspiro

El sentido que le doy

Raro es esto que digo.

Hoy

Seduce el pasado al presente
Quiere el recuerdo llenar hoy de ayer
Lucha el ayer por ser hoy del mañana
Se escapan las horas, no llegan a ser.

Quiere el mañana ser hoy
Quisiera hoy haber sido mañana
Quiso el ayer no haber sido hoy
Y hoy se pasa…

Llega el mañana y resulta ser hoy
Hoy que ayer fuera quisiera hoy ser
Llega el mañana, ayer del mañana
Tiempo que pasa sin dar un reposo
Reposo es del tiempo cuando este se acaba.

No viví ayer por vivir mañana
No vivo el hoy porque el ayer me llama
Tiempo que pasa sin dar un respiro
Tiempo que pasa y no espera a nada.

Hoy vivo hoy porque no hay mañana
No vivo ayer porque el hoy se escapa
Tiempo que pasas sin darme un reposo
Hoy, vivo hoy, porque no hay mañana.

Toca a su fin la noche
Arrasada en este incendio
Mueren las llamas que prendieron el corazón.

Queda aún el humo, que es tu recuerdo
Queda ese humo que ahogó el corazón.

Ya amanece y todo está negro
Todo está muerto y muerto estoy yo
Ahogo con lágrimas las últimas brasas
Brasas que fueran mi historia de amor.

Ya solo el tiempo puede curarlo
El tiempo, mi soledad y yo.

Vengan las lluvias, con sus tormentos
Nutran la tierra en que murió el amor
Cubran cenizas de olvido tu lecho
Quedemos solos el tiempo, mi soledad y yo.

Y cuando el tiempo ya haya pasado
Cuando el olvido ya haya actuado
Ya cuando el tiempo comprenda su tiempo
Quedemos solos mi soledad y yo.

De estas cenizas en que ahora dormita
Surja más fuerte y verdadero el amor
Que como el fénix que vuelve a la vida
De sus cenizas lo hará el amor.

Y cuando el amor toque a su tiempo
Párese el tiempo, muera la soledad y viva yo
Y así quedemos, vivos por siempre
La eternidad, mi amor y yo.

Lágrimas

Lágrimas caen de mis ojos llorosos
Vacías, huecas, amargas
Lágrimas que saben a poco,
Que apenas desahogan mi corazón roto.

Era un error, ya lo sabía
Un error que me tenía loco
No era amor, era locura
Ceguera de ardores sin censura.

Fue pasión que se hizo amarga
Fue un calor que se hizo frío
Soledad mal maquillada
Un desierto, un estío.

Fue un incendio que arrasaba
Consumiendo mis sentidos
Se consumen en silencio
Las palabras que ahora escribo.

Moja la tinta el papel
Se tiñe del llanto de las lágrimas perdido
Se consume el corazón
Laten tristes sus gemidos
Gime solo en sus latidos
Haciendo de mi poesía
El solo eco de sus gemidos.

Engañar al corazón
Eso creí que hacía
Que a fuerza de razón
Al corazón mentir creía
Creíase la razón
Que al corazón mentía
Sabía el corazón
Que a la verdad latía
Negaba la cabeza
El latir del corazón
Y a más negar quería
Con más fuerza latía
¿Por qué creíste amor
de la razón su mentira?
¿Por qué has pedido amor
el latir que te da vida?
Llegose a mí el amor
Por el que corazón latía
Y hundiose la razón
Al corazón rendida.

Miradas

Azules, grises, violetas
Colores que da el sol al caer
Rojizos, dorados, brillantes
Sus rayos al atardecer
Tus ojos, azules, tan densos
Tus ojos brillantes de sol
Me miran, me buscan tus ojos
Tus ojos, los míos, el sol
Tu cuerpo, mi cuerpo, la noche
La noche, la luna, tu olor
Tus manos en cada caricia
Los dos, solo un corazón
Uno solo el sentimiento
Dos miradas…
Dos miradas que se miran
Que se buscan bajo el sol.

Naufrago

Te vas y te pierdo
Como calor pierde el sol
Mis manos te agarran con fuerza
Tus ojos destilan amor
Tus ojos, color de la luna
Me miran radiantes de sol
Tu pelo, recuerdo del alba
Tus labios, tu voz, la pasión
La vida que ahora se fuga
Fugada en pos de un error
Naufragios del mar de la vida
Náufragos del corazón
Cubierta está de agua tu vida
Inundado todo de horror.

Sin saber por qué, te me marchas
Hundido quedó el corazón
Mira el amor
Desde su isla desierta
Mira con pena el amor
¡Qué frágil resultó ser el barco!
¡Qué impetuoso fue el mar para amor!
Delicado este amor que navega
Que después de luchar
Naufragó.

Noche

Noche es estado del alma que busca
Noche es la ausencia de luz en mis ojos
Noche es vivir sin sentir que se vive
Noche es la muerte que pesa y no pasa
Noche es camino guiado de estrellas
Noche es noche
Noche, noche, noche
Soledad de llantos poblada
Oscuridad de dolor silenciada
Sentimientos de amor angustiado
Reino de sombras poblado
Noche es mirarte y no verte
Noche es tocar sin tenerte

Noche es sufrir por amarte
Noche es tenerte y perderte
Noche es callar lo que sientes
Noche es noche
Noche, noche, noche
Amar sin ser amado
Llorar desconsolado
Gritar sin ser oído
Morir desamparado
Porque es de noche
Porque es de noche
Noche, oscura noche.

Hombre perdido, hombre asustado
Hombre a quien nadie tendió la mano
Hombre perdido, hombre asustado
Dime tú, hombre, de quién fuiste abandonado.
Hombre perdido, hombre asustado
Hombre que vagas buscando el descanso
Hombre perdido, hombre asustado
Hombre sin nombre, hombre cansado.

Fantasma de noche, recuerdo olvidado

Ni el cielo oyó tu voz, ni la tierra tu cansancio

No hubo nadie que te consolase

Nadie estuvo ahí a tu lado

Olvida ahora los recuerdos

Como la arena

Que se escapa entre tus manos.

Perdido

Hombre perdido, hombre asustado
Hombre a quien nadie tendió la mano
Hombre perdido, hombre asustado
Dime tú, hombre, de quién fuiste abandonado.
Hombre perdido, hombre asustado
Hombre que vagas buscando el descanso
Hombre perdido, hombre asustado
Hombre sin nombre, hombre cansado.
Fantasma de noche, recuerdo olvidado
Ni el cielo oyó tu voz, ni la tierra tu cansancio
No hubo nadie que te consolase
Nadie estuvo ahí a tu lado
Olvida ahora los recuerdos
Como la arena
Que se escapa entre tus manos.

Sabor

Sabor dulce el sabor salado
De las lágrimas que lloran
Las heridas del pasado
Sabor amargo el sabor dulce
Del amor que no es amado
Sabe soso el sabor de mis labios callados
Porque dulce es el sabor
De tus labios deseados
Soso es el sabor de mis labios
Que tus labios no han besado.

Tiembla de emoción mi cuerpo
Late el corazón
La sangre se me hiela
Pesado pasa el tiempo.

El silencio lo viste todo
Tú me miras mientras pienso
Yo te miro mientras miras
Sin tú ver que te estoy viendo
Se me hiela el corazón
Ante tus ojos acechantes
Se me muere la razón
Ante tu insondable semblante
Y muero…
Consúmame este hielo
Que al corazón ahora es nacido
Y hiélense en mis venas
Las palabras que te escribo.

Si pudiera

Si pudiera yo atraparte
Presa mía te haría
Serías tú mi musa
Tú serías mi poesía
Si apresarme tú quisieras
Resistencia no opondría
Para preso tuyo ser
Por el resto de mis días
¡No!
Ni apresarte puedo yo
Ni apresarme tú querrías
Ni yo preso tuyo soy
Ni tú en verdad mi poesía.

Si pudiera yo atraparte
Presa mía te haría
Serías tú mi musa
Tú serías mi poesía
Si apresarme tú quisieras
Resistencia no opondría
Para preso tuyo ser
Por el resto de mis días
¡No!
Ni apresarte puedo yo
Ni apresarme tú querías
Ni yo preso tuyo soy
Ni tú en verdad mi poesía.

Arrasado, cansado malherido
Destrozado y solo
Perdido
Dolorido
Muerto en los caminos
Sin rumbo, sin norte, sin destino.

Batalla…

Batalla dura que a veces perdimos
Batalla larga en que sin fuerzas, resistimos
Ojos muertos al mirar
Vacíos llenos de soledad.

Dolor…

La ansiedad que corre por las venas
La sangre que se hiela
El corazón y sus latidos
Temor a cada paso
Miedo en cada suspiro.

Deseos…

Deseos de paz y de alegría
Deseos de volver a ser yo mismo
Deseos que se fugan de mis manos
Deseos que se quedan en olvidos.

Tinieblas...

Tinieblas que visten nuestras almas
Tinieblas que nos visten de negro y frío
Que nos hunden y nos pesan
Que nos hacen ser sombríos.

Vida...

Que se fuga a cada aliento
Que se va en cada suspiro
Que nos roba la batalla
Que perdemos si vivimos
Que ganamos mientras dura
Que vivimos y vivimos
Que se da cuando morimos.

Septiembre

Otra vez es septiembre
Otro año pasa ya
Otra vez tus ojos verdes
Otra vez se alejan ya
Todo pasa, como siempre
Algo hay que nunca va
Mucho es lo que diría
Alguien hay que nunca está
Raro es el sentimiento
Raro es volverte a amar
Una vez creí olvidarlo
Hoy te trato de olvidar
Mientras visto mi amor de olvido
Una cosa nada más
Si me amas algún día
Quítame tú este disfraz
Disfraz de olvido, de agonía
Disfraz que oculta la verdad
Pues no hay verdad más verdadera
Que yo en septiembre, te volví a amar.

Sí/No

Sí y no en tu mirada
Sí y no y no dices nada
Sí y no en tus sonrisas
Sí y no en tus caricias
Dices no, hablándole a los vientos
Dices sí, mientras callas en silencio
Dices no y no dices sí
Dices sí mientras niegas el momento
Si me miras me lo dices
Si lo callas no lo ocultas
Cada día lo pregonas
Y lo escondes en la sombra.

Si tú fueras

¿Eres tú quien me apremia?
¿Eres quien me llama?
¿Eres tú mi anhelo, los secretos de mi alma?

Yo soy a quien tú miras
Mas no soy quien te llama
No es mi voz la que tú oyes
Ni en secreto a quien tú amas.

¿Eres tú quien me apremia?
¿Eres quien me llama?
¿Eres tú mi anhelo, los secretos de mi alma?

Yo conozco a quien tú buscas
Conozco quien te llama
Oigo siempre tus anhelos
No soy yo a quine tu alma aguarda.

¿Eres tú quien me apremia?
¿Eres quien me llama?
¿Eres tú mi anhelo, los secretos de mi alma?

He tratado de apremiarte
No has oído mi llamada
Por un tiempo fui tu anhelo
Ahora soy solo un fantasma.

¿Dónde estás? ¿por qué te escondes?
¿Por qué ocultas tu llamada?
¿Por qué gritas tú mi nombre?
¿Por qué te enclavas en mi alma?

Donde estoy no puedes verme
Lo que oyes no te llama
Lo que grito no es tu nombre
Lo que quiero no es tu alma.

¿Eres tú quien me apremia?
¿Eres quien me llama?
¿Eres tú mi anhelo, los *secretos* de mi alma?

Tu quererme es a ti apremio
Tu indagarme es llamada
Mi susurro a ti es tu nombre
Y soy yo a quien tu alma aguarda.

Si eres tú, ven a mi lado
No te vayas, sé mi agrado.

El silencio es mi respuesta
La incertidumbre, mi alegato
La soledad es mi defensa
Soy tus sueños del pasado.

Yo soy a quién tú miras
Mas no soy quien te llama
No es mi voz la que tú oyes
No en secreto a quien tú amas.

Yo conozco a quién tú buscas
Conozco quién te llama
Oigo siempre tus anhelos
No soy Yo a quién tú alma aguarda.

He tratado de apremiarte
No has oído mi llamada
Por un tiempo fui tu anhelo
Ahora soy solo un fantasma.

Donde estoy no puedes verme
Lo que oyes no te llama
Lo que grito no es tu nombre
Lo que quiero no es tu alma.

En llamas envueltos

Mis sueños te arropan

Claridad nocturna, oscura luz…

En mis largas noche vienes como el viento

Apenas te veo y profundo te siento

Dueles, dueles más que el amargo silencio

Son solo sueños

Recuerdos, fantasías

Reflejos del sol que llevo dentro

Las llamas te envuelven

Te llevan tan lejos…

Y mientras tú vagas perdida en mis sueños

¿podré yo algún día salir de este infierno?

¿podrás tú algún día salir del silencio?

Pesadilla ensoñada

Dolor de mis sueños

Amargas mis noches

De soledad y silencio.

En llamas envueltos
Mis sueños te arropan
Claridad nocturna, oscura luz…
En mis largas noches vienes como el viento
Apenas te veo y profundo te siento
Dueles, dueles más que el amargo silencio
Son solo sueños
Recuerdos, fantasías
Reflejos del sol que llevo dentro
Las llamas te envuelven
Te llevan tan lejos…
Y mientras tú vagas perdida en mis sueños
¿Podré yo algún día salir de este infierno?
¿Podrás tú algún día salir del silencio?
Pesadilla ensoñada
Dolor de mis sueños
Amargas mis noches
De soledad y silencio.

Silencio

Lo cubre todo a noche oscura
En medio de ella, la soledad
Una presencia, un dulce consuelo
Atisbo tibio de eternidad
Oculto y solo, entre las sombras
Lo llenas todo de claridad
Suave perfume hay en tu presencia
Presencia oculta en la soledad
Voz que se escucha solo en el silencio
Suave silencio, sigilo nocturno
Noche que viste la oscuridad
Silencio que llena de voz el silencio
Silencio que suena a hermoso cantar
Amor que se entrega en la noche oscura
Ecos de vida y de eternidad
Es tu presencia mi solo consuelo.

Es tu mirada luz de mi mirar
Que a más tú te ocultas, más yo te veo
Que a más te me escondes, más dentro estás
Grata es la noche, amargo el consuelo
De que tú brilles en la oscuridad
Pues mientras veo te busco en mil sitios
Y ahora comprendo que en ninguno estás
Que tras la noche, de oscura presencia
Brillas cual sol en la oscuridad
Tú que das luz a mis ojos muertos
Vistiéndolo todo con tu claridad
Ahora que brilla la luz de mi adentro
Del que llagado en mi corazón está
Que del amor tú me has revestido
Y me has ceñido con la verdad.

Soledad

Eres, soledad, necesaria compañía
Eres, soledad, entre todas, la temida
Eres, soledad, del amor archienemiga
Eres, soledad, de la muerte fiel amiga
Eres, soledad, el temor de los amantes
Eres, soledad, agonía de un instante
Eres, soledad, de los miedos protectora
Eres, soledad, de silencios portadora
Eres, soledad, del poeta que te busca
Eres, soledad, la peor de las angustias
Eres, soledad, la más fiel acompañante
Eres, soledad, en paciencia edificante
Eres, soledad, para el monje un aliciente
Eres, soledad, necesaria al conocerse

Eres, soledad, de las noches soberana
Eres, soledad, misteriosa voz callada
Eres, soledad, de soledades constructora
Eres, soledad, apreciada auxiliadora
Eres, soledad, de los solos compañía
Eres, soledad, una sombra maldecida
Eres, soledad, sola dueña de mis versos
Eres, soledad, sola imagen de mi cuento
Eres, soledad, de todos siempre conocida
Eres, soledad, musa de esta poesía
Eres, soledad, soledad en compañía
Eres, soledad, a solas solo comprendida.

Un recuerdo

Como escapan las notas de la guitarra
Como huye la nieve del sol
Como corren los ríos sus aguas
Como el color, el olor de una de flor
Que el recuerdo reavive tu llama
Que el recuerdo ahora sea tu voz
Que el recuerdo recuerde tus ojos
Que el recuerdo sea esta canción
En la noche serena, tranquila
En la oscura luz del adiós
Se cerraron tus ojos al mundo
Se apagó para siempre tu voz
Sueñas el sueño profundo
Descansas ya tu dolor
Que el recuerdo reavive tu llama
Que el recuerdo ahora sea tu voz
Que el recuerdo recuerde tus ojos
Que el recuerdo sea esta canción

Y pasó el tiempo marcado
Y llegó el día y su adiós
Y tocó decirse hasta luego
Y tocó silenciar el dolor
Que el recuerdo reavive tu llama
Que el recuerdo ahora sea tu voz
Que el recuerdo recuerde tus ojos
Que el recuerdo sea esta canción
El tiempo siegue pasando
Y el tiempo nos sigue acercando
Que tu huida no fue para siempre
Que sé que estás esperando
Que el recuerdo reavive tu llama
Que el recuerdo ahora sea tu voz
Que el recuerdo recuerde tus ojos
Que el recuerdo sea esta canción.

Otoño...

El otoño llega
Tiñe de ocre y marrón
Como el oro tu pelo
Bañado de sol.

Alfombrando las calles sus hojas caídas
Susurrando sonoro e invisible
Viento que llega, que lleva y que va.

El viento te toca, como una caricia
La lluvia te besa porque no lo hago yo
El frío te abraza y el alma se hiela.

Busca el otoño el calor en el fuego
Busca, mi amada, en mí tu calor
Rozan los astros con frío tus sueños
Rozan tus sueños que los míos son.

Besan los hielos tus labios, tan suaves
Roza la escarcha tu piel mi amor
Que yo como el sol del otoño
Rozo tu cuerpo sin sentirse el calor.

Tus ojos me han visto sin haberme mirado
Y sin haberme visto te miré yo
Que no es a mí a quien miraron tus ojos
Ni yo fui el fuego de tu pasión...

Es el sentir un sentimiento, un oscuro pensamiento
Es el latir una constante, un inconsciente vital arte.
Es la pasión un aliciente, es del amor su flor ardiente
Es el amor esa locura, esa inconsciencia de ternura.

¿Un carnaval, la mascarada de ilusiones disfrazada?
¿Un dulce engaño en un hastío?
¿Es el amor un desafío?

Esa certeza que nace dentro, de que en todo, todo
[es cierto
Ese negar lo que se afirma, desmintiendo en ti ese
[enigma.

Dicotomía que en todos nace cuando se teme el
[qué se hace.

Ese pensar e interrogarse, para jamás respuesta darse
Ese dudar aún confiado de que se hace lo que se ha
[amado
Ese creer en libertad, que todo lleva más allá.

En el silencio de la noche, como el que hay en tu mirar
Veo respuesta a las preguntas que nunca llego a
[formular.

Gritos callados que son confirma
Gritos que se oyen, que duelen más
Sordos sonoros silencios eternos
Que al alma deben de hablar
De algo tan cierto que no comprendo
Tal vez por eso...
Tal vez...
Tal vez por eso...
Me atrevo a amar.

Cuore di cristallo

Se potessi, ma non posso,
guardare insieme a te la luna di cristallo.

Se potessi...
ma non posso.

Se in un attimo, fermo nei tuoi occhi,
potessi dirti tante cose
come le stelle...
che parlano alla luna.

Se potessi, ma non posso,
oh amata e lontana mia,
alzare in alto le mie braccia
e stringerti a me...

In quell´ instante
la luna sarebbe mia
e per sempre in sieme a te...

Io non so, amata mia,
se mi ami come io amo te
e neanche son sicuro
se mi guardi come guardo te.

Dirti ti amo non potevo,
ma lo dico...
perche mai mi capirai,
e se leggi e mi capisci.

Vieni presto a me
e si mi ami, oh amata mia!
se mi ami, bacia a me.

Un beso perdido en el tiempo

Intensa hora esta en que te busco, en que te miro
En que te encuentro
Largo el instante, el minuto
El segundo, el momento
Lento el corazón, veloz el beso, fugaz el tiempo.

Te me vas, me vuelvo, te tengo
Me voy, te quedas, te pierdo
Intensos momentos, sonoros silencios
Aguas que hablan al viento.

Sordo susurro, callado gemido
Dulce sonido de un beso
Lento, parado, ingrávido momento
Que pende entre tu boca y la mía…
Pero no hay beso.

Intensa la hora, extraño el momento, sordo el
Susurro, pendido el beso
Largo el instante, ingrávido el momento...
Locura de un cuerdo que clama al viento
Historia de un beso perdido en el tiempo...

Amanecer

Al amanecer el sol miró tu pelo
Al amanecer lo vistió el sol con su fuego
Vino el cielo malva y tras él de azul el cielo
Y miró el cielo tus ojos
Y creyó el cielo ser ellos.

Brisa suave y tempranera
La que acompaña al azul cielo
Que al rozar la de tus labios
Quiso ser parte de ellos .

Enmarcado amanecer
Entre bruma de blancura
Que ante el blanco de tu piel
Quiso ser en parte tuya.

Bello es el amanecer
Bello es lo que en ti veo
Y aunque a veces torpe soy
Amanecer te quiero..

Cuando ya no hay nada

Cuando ya no queda nada
Cuando muere el sentimiento
Cuando puede la razón
Cuando el miedo pierde el peso.

Cuando el silencio se hace eterno
Cuando el alma alza el vuelo
Cuando acaba ese momento.

Cuando ya no existe el clímax
Cuando todo yace muerto
Cuando todo lo que fue ya no es ni ya está dentro...

Cuando todo llega al fin
Cuando acaba nuestro cuento.

Todo aquello que ahora acaba
Todo aquello que era nuestro
Que era tuyo, te lo di y al final fue solo viento
Que trae cambios, traerá aciertos
Pero hoy toca aprender que todo aquello no era cierto.

« Cuando ya no queda nada
Cuando muere el sentimiento
Cuando puede la razón
Cuando el miedo pierde el peso »

Desconocida y oculta, tú, ¡gran divinidad! Susurro en la mente del hombre silente que hondo te siente sin lograrte encontrar.

De místicos, artistas, de santos y poetas escurridiza sombra que te das y te vas en un mundo que no entiendo que del alma al hombre vuelas y lo arrancas de sí, mientras dejas sus entrañas como expuestas y sangrantes sin dejarlo reposar.

¿Quién hubo, quién, que al verte, tras sentirte, al saberte, no sintiera el desalojo del corazón hasta el punto de decir, de ti sentir sentía un dolor que no dolía?

Un amor que se inflamaba y cual dardo ardía mientras el corazón y las entrañas traspasaba y malhería y en llamas dejarlas tan quemadas, tan heridas y en tan dulce amor llenas que ni el dolor doler dolía, de tanto amor cauterizadas las llagas que del amor hacías y que en señal eterna cual cicatriz permanecían y recordaban como estigmas ese día en que darte tú te dabas sin al mismo tiempo darte porque al verte no veía y ni al tenerte te tenía, porque siendo tú en mí, distinto a mí, en mí vivías y aunque vivir vives, ya nada es como sería porque siendo uno como somos, vivimos en sentida lejanía para al final solo pasar y dejar en llanto y agonía al alma que por ti morir moría porque vivir en sí ya no podía, porque vivir así, vivir no sería, porque tras de ti nada hay, nada habrá, ni nada habría.

Dolor que nunca duele, muerte de lenta y dulce agonía, esperanza teologal que no es de nadie, que solo es mía y que aunque entre ellos muchos hay que no la entienden, sí la envidian y a aquellos a quienes tú les das, con sus leyes se lo privan.

Y pasan lentos los segundos, esos que en tu eternidad no duran y para mí son días y crece el dolor del alma que se sabe amada, apartada y escondida porque nadie va entender que haya llanto y alegría aún en silencio y en dolor, ese que duele un poco pero es consuelo celestial y manantial al mediodía…

Amados, amantes, lejanos, unión de un instante y…

Silencio…

Se rompe el tiempo, se pierde el instante, se pierden en medio de la eternidad los amantes, nadie lo entiende ¡misterio tan grande! de que si es

que hay un Dios de este se encargue, que en amor
lo prenda, lo libre y lo guarde y que sea tan grande
el amor que más allá de la ley se guarde y que al
alma que toca un instante la luz tan intensa que
ciega y que abre se vuelve a los hombres oscura y
pesante, pues no puede entender vivir sin tenerte,
sin ser tuyo cada instante.

No entiende el alma, si te ha visto, ¿por qué aún
viva? ¿por qué no murió en ese instante? ¿por qué
arrastra su cuerpo de tierra que se hunde, se
esclaviza y se abate si mi alma ya está allá, donde
brillan las brumas, donde todo está, todo es, donde
todo acaba porque empieza?

¿Qué hago yo aquí? Dímelo tú. ¿Qué hago?

¿Qué delito tan tremendo cometí para que
habiendo a mí venido no me hayas tomado sino
que me has dejado en medio de un mundo hostil?

Jamás entenderé no estar muerto en tu dulzura,
cada vez que tú me ves y te me llagas a mi alma esa
que te ve, que te encuentra, que te alcanza… esa
que en el universo está y tú acaricias con tus alas.

Ni eres tú, ni ya soy yo, ni hay ya un Dios, ni hay
esperanza, ni quedan días, ni noches ni guardias,

porque todo está aquí ya, está ya en mí, está en mi alma, está en mi vida, todo en mi ser se graba pero pesa más la ley que amor, que la esperanza.

Qué dolor, los que no saben, que hay amor, qué dolor que más allá del dogma no hay lugar para el que ama porque ya no eres tú, son los hombres los que mandan y con la fuerza del poder, tu amor, tu imagen y tu dulzura matan y niegan tu amor al alma en que tú has hecho descanso, reposo, remanso, morada y casa, porque para esto tú viniste, y no ven que no te marchas.

Todo el tiempo tú te das, dulce nombre derramado y todo el tiempo ellos están con las leyes en las manos.

Qué paz, y qué dolor, el habernos encontrado, qué dulzura da saber que otra vez, nos, habremos de encontrarnos.

Mientras tanto, lloro yo, sin dolor, sin lágrimas ni llanto, solo en silencio, admiración, corazón roto, derramado.

¿Me conoces tú a mí? Porque yo sí te he encontrado.

Unos dicen que eres Dios, otros no, y yo un quebranto.

¿Qué sé yo de qué eres tú, o de quién, o quién seamos?

Solo importa que algo en mí se revuelve aquí a tu lado.

Sea viéndote en la cruz, en un buda o en un árbol.

Y es que tú eres el Amor, el amor cierto y amado.

Que te das fuera del dogma, de la fe y de los tratados.

Yo te sé, tú me conoces, tus caricias he probado.

Y digan lo que digan sé que te tengo de mi lado.

Morir, no temo, vivir… vivir es algo que no hago.

Pero mientras que respiro espero ese vivir, ese latir
que tú me has dado, ese morir que es un vivir
porque es vivir en un instante eterno y largo, es el
morir de un día que es el vivir amando.

Qué desconcierto, qué tramo amargo, qué tistes
hombres que en las leyes se quedaron y que no
supieron comprender el mensaje que fue claro y
que, gústeles o no, no hay más religión que el amor
que tú me has dado.

〜✿〜

Esta primera edición de #*Poemario de papel*,
de Rafael Arrabé Murillo,
terminó de imprimirse
en febrero de dos mil veinticuatro.